This journal belongs to:

_____

Table of Contents

Recipe　　　　　　　　　　　　　　　　　　　　　　**Page**

Table of Contents

Recipe   **Page**

Table of Contents

Recipe   **Page**

Table of Contents

Recipe   **Page**

Table of Contents

Recipe — **Page**

Table of Contents

Recipe | **Page**

Table of Contents

Recipe   Page

Conversion chart

VOLUME

METRIC	IMPERIAL	US CUPS	TABLESPOONS
1895 ML	64 FL OZ	8 CUPS	128 TBSP
1420 ML	48 FL OZ	6 CUPS	96 TBSP
1180 ML	40 FL OZ	5 CUPS	80 TBSP
960 ML	32 FL OZ	4 CUPS	64 TBSP
480 ML	16 FL OZ	2 CUPS	32 TBSP
250 ML	8 FL OZ	1 CUP	16 TBSP
180 ML	6 FL OZ	3/4 CUP	12 TBSP
150 ML	5 FL OZ	2/3 CUP	10 2/3 TBSP
120 ML	4 FL OZ	1/2 CUP	8 TBSP
75 ML	2 1/2 FL OZ	1/3 CUP	5 1/3 TBSP
60 ML	2 FL OZ	1/4 CUP	4 TBSP
30 ML	1 FL OZ	1/8 CUP	2 TBSP
15 ML	1/2 FL OZ	1/16 CUP	1 TBSP

INGREDIENTS EQUIVALENTS

CUPS	FINE POWDER	GRAIN	GRANULAR	LIQUID SOLIDS	LIQUID
1	140G	150G	190G	200G	240ML
3/4	105G	114G	143G	150G	180ML
2/3	93G	100G	125G	133G	160ML
1/2	70G	75G	95G	100G	120ML
1/3	47G	50G	63G	67G	80ML
1/4	35G	38G	48G	50G	60ML
1/8	18S	19G	24G	25G	30ML

SPOONS

1 DESSERTSPOON = 2 TSP
3 TSP = 1 TBSP

1 TSP	5ML	
2 TSP	10ML	
1 TBSP	15ML	
2 TBSP	30ML	
3 TBSP	45ML	
4 TBSP	60ML	
5 TBSP	75ML	
6 TBSP	90ML	
7 TBSP	105ML	

TABLESPOON TO US CUPS

1 TBSP	1/16 CUP
2 TBSP	1/8 CUP
4 TBSP	1/4 CUP
5 1/3 TBSP	1/3 CUP
8 TBSP	1/2 CUP
10 2/3 TBSP	2/3 CUP
12 TBSP	3/4 CUP
16 TBSP	1 CUP

TEMPERATURE

FAHRENHEIT	CELSIUS
100°	37°
150°	65°
200°	93°
250°	120°
275°	140°
300°	150°
325°	165°
350°	177°
375°	190°
400°	200°
425°	220°
450°	230°
475°	245°
500°	260°
525°	275°
550°	290°

WEIGHT

OUNCES	GRAMS
1 OZ	30G
2 OZ	60G
3 OZ	90G
4 OZ	110G
5 OZ	140G
6 OZ	170G
7 OZ	200G
8 OZ	225G
9 OZ	255G
10 OZ	280G
11 OZ	310G
12 OZ	340G
13 OZ	370G
14 OZ	400G
15 OZ	425G
16 OZ (1LB)	450G

Recipe _____

Prep time   Cooking Time   Serves

Difficulty ① ② ③ ④ ⑤

Rating ☆ ☆ ☆ ☆ ☆

Ingredients

Instructions

Notes

A B C D E F G H I J K L M N O P Q R S T U V W X Y Z

Recipe _____

Prep time _____ Cooking Time _____ Serves _____

Difficulty
① ② ③ ④ ⑤

Rating
☆ ☆ ☆ ☆ ☆

Ingredients

_____ _____ _____
_____ _____ _____
_____ _____ _____
_____ _____ _____
_____ _____ _____

Instructions

_____
_____
_____
_____
_____
_____
_____
_____
_____
_____

Notes

_____
_____
_____

Recipe _____

Prep time _____ Cooking Time _____ Serves _____

Difficulty: ① ② ③ ④ ⑤

Rating: ☆ ☆ ☆ ☆ ☆

Ingredients

_____   _____   _____
_____   _____   _____
_____   _____   _____
_____   _____   _____
_____   _____   _____

Instructions

_____
_____
_____
_____
_____
_____
_____
_____
_____
_____

Notes

_____
_____
_____

A

B C D E F G H I J K L M N O P Q R S T U V W X Y Z

Recipe _____

Prep time _____ Cooking Time _____ Serves _____

Difficulty
① ② ③ ④ ⑤

Rating
☆ ☆ ☆ ☆ ☆

Ingredients

Instructions

Notes

Recipe _____

Prep time _____ Cooking Time _____ Serves _____

Difficulty
① ② ③ ④ ⑤

Rating
☆ ☆ ☆ ☆ ☆

Ingredients

_____ _____ _____
_____ _____ _____
_____ _____ _____
_____ _____ _____
_____ _____ _____

Instructions

_____
_____
_____
_____
_____
_____
_____
_____
_____
_____

Notes
_____
_____
_____

B

Recipe _____

Prep time _____ Cooking Time _____ Serves _____

Difficulty ① ② ③ ④ ⑤

Rating ☆ ☆ ☆ ☆ ☆

Ingredients

_____   _____   _____
_____   _____   _____
_____   _____   _____
_____   _____   _____
_____   _____   _____

Instructions

_____
_____
_____
_____
_____
_____
_____
_____
_____

Notes

_____
_____
_____

Recipe _____

Prep time _____ Cooking Time _____ Serves _____

Difficulty ① ② ③ ④ ⑤

Rating ☆ ☆ ☆ ☆ ☆

Ingredients

Instructions

Notes

B

Recipe _____

Prep time _____ Cooking Time _____ Serves _____

Difficulty ① ② ③ ④ ⑤

Rating ☆ ☆ ☆ ☆ ☆

Ingredients

_____ _____ _____
_____ _____ _____
_____ _____ _____
_____ _____ _____

Instructions

_____
_____
_____
_____
_____
_____
_____
_____
_____

Notes

_____
_____

Recipe _____

Prep time ____ Cooking Time ____ Serves ____

Difficulty
① ② ③ ④ ⑤

Rating
☆ ☆ ☆ ☆ ☆

Ingredients

_____ _____ _____
_____ _____ _____
_____ _____ _____
_____ _____ _____
_____ _____ _____

Instructions

_____
_____
_____
_____
_____
_____
_____
_____
_____

Notes

_____
_____
_____

B Recipe _____

Prep time _____ Cooking Time _____ Serves _____

Difficulty
① ② ③ ④ ⑤

Rating
☆ ☆ ☆ ☆ ☆

Ingredients

_____ _____ _____
_____ _____ _____
_____ _____ _____
_____ _____ _____
_____ _____ _____

Instructions

_____
_____
_____
_____
_____
_____
_____
_____
_____

Notes

_____
_____
_____

Recipe _____

Prep time _____ Cooking Time _____ Serves _____

Difficulty
① ② ③ ④ ⑤

Rating
☆ ☆ ☆ ☆ ☆

Ingredients

_____ _____ _____
_____ _____ _____
_____ _____ _____
_____ _____ _____
_____ _____ _____

Instructions

_____
_____
_____
_____
_____
_____
_____
_____
_____

Notes

_____
_____

A B **C** D E F G H I J K L M N O P Q R S T U V W X Y Z

Recipe _____

Prep time _____ Cooking Time _____ Serves _____

Difficulty
① ② ③ ④ ⑤

Rating
☆ ☆ ☆ ☆ ☆

Ingredients

_____   _____   _____
_____   _____   _____
_____   _____   _____
_____   _____   _____
_____   _____   _____

Instructions

_____
_____
_____
_____
_____
_____
_____
_____
_____
_____

Notes

_____
_____
_____

Recipe _____

Prep time   Cooking Time   Serves

Difficulty
① ② ③ ④ ⑤

Rating
☆ ☆ ☆ ☆ ☆

Ingredients

Instructions

Notes

A B C D E F G H I J K L M N O P Q R S T U V W X Y Z

A B **C** D E F G H I J K L M N O P Q R S T U V W X Y Z

Recipe _____

Prep time _____ Cooking Time _____ Serves _____

Difficulty ① ② ③ ④ ⑤

Rating ☆ ☆ ☆ ☆ ☆

Ingredients

Instructions

Notes

14

Recipe _____

Prep time   Cooking Time   Serves

Difficulty
① ② ③ ④ ⑤

Rating
☆ ☆ ☆ ☆ ☆

Ingredients

Instructions

Notes

C

A B C D E F G H I J K L M N O P Q R S T U V W X Y Z

A B C **D** E F G H I J K L M N O P Q R S T U V W X Y Z

Recipe _____

Prep time _____ Cooking Time _____ Serves _____

Difficulty
① ② ③ ④ ⑤

Rating
☆ ☆ ☆ ☆ ☆

Ingredients

_____ _____ _____
_____ _____ _____
_____ _____ _____
_____ _____ _____
_____ _____ _____

Instructions

_____
_____
_____
_____
_____
_____
_____
_____
_____
_____

Notes

_____
_____
_____

Recipe _____

Prep time _____   Cooking Time _____   Serves _____

Difficulty
① ② ③ ④ ⑤

Rating
☆ ☆ ☆ ☆ ☆

Ingredients

A B C **D** E F G H I J K L M N O P Q R S T U V W X Y Z

Recipe _____

Prep time _____ Cooking Time _____ Serves _____

Difficulty
① ② ③ ④ ⑤

Rating
☆ ☆ ☆ ☆ ☆

Ingredients

_____ _____ _____
_____ _____ _____
_____ _____ _____
_____ _____ _____
_____ _____ _____
_____ _____ _____

Instructions

_____
_____
_____
_____
_____
_____
_____
_____
_____
_____

Notes

_____
_____
_____

Recipe _____

Prep time _____ Cooking Time _____ Serves _____

Difficulty ① ② ③ ④ ⑤

Rating ☆☆☆☆☆

Ingredients

Instructions

Notes

Recipe _____

Prep time _____ Cooking Time _____ Serves _____

Difficulty ① ② ③ ④ ⑤

Rating ☆☆☆☆☆

Ingredients

_____ _____ _____
_____ _____ _____
_____ _____ _____
_____ _____ _____
_____ _____ _____
_____ _____ _____

Instructions

_____
_____
_____
_____
_____
_____
_____
_____
_____
_____
_____

Notes

_____
_____
_____

Recipe _____

Prep time _____ Cooking Time _____ Serves _____

Difficulty
① ② ③ ④ ⑤

Rating
☆ ☆ ☆ ☆ ☆

Ingredients

_____ _____ _____
_____ _____ _____
_____ _____ _____
_____ _____ _____
_____ _____ _____

Instructions

_____
_____
_____
_____
_____
_____
_____
_____
_____
_____

Notes

_____
_____
_____

A B C D E F G H I J K L M N O P Q R S T U V W X Y Z

A B C D **E** F G H I J K L M N O P Q R S T U V W X Y Z

Recipe _____

Prep time _____ Cooking Time _____ Serves _____

Difficulty ① ② ③ ④ ⑤

Rating ☆ ☆ ☆ ☆ ☆

Ingredients

_____
_____
_____
_____
_____

Instructions

_____
_____
_____
_____
_____
_____
_____
_____
_____
_____

Notes

_____
_____
_____

Recipe _____

Prep time _____ Cooking Time _____ Serves _____

Difficulty ① ② ③ ④ ⑤

Rating ☆ ☆ ☆ ☆ ☆

Ingredients

Instructions

Notes

A B C D **E** F G H I J K L M N O P Q R S T U V W X Y Z

Recipe _____

Prep time _____ Cooking Time _____ Serves _____

Difficulty
① ② ③ ④ ⑤

Rating
☆ ☆ ☆ ☆ ☆

Ingredients

_____   _____   _____
_____   _____   _____
_____   _____   _____
_____   _____   _____
_____   _____   _____

Instructions

_____
_____
_____
_____
_____
_____
_____
_____
_____
_____
_____

Notes

_____
_____
_____

Recipe _____

Prep time _____ Cooking Time _____ Serves _____

Difficulty
① ② ③ ④ ⑤

Rating
☆ ☆ ☆ ☆ ☆

Ingredients

_____   _____   _____
_____   _____   _____
_____   _____   _____
_____   _____   _____
_____   _____   _____
_____   _____   _____

Instructions

_____
_____
_____
_____
_____
_____
_____
_____
_____
_____

Notes

_____
_____
_____

A B C D E **F** G H I J K L M N O P Q R S T U V W Y Z

Recipe _____

Prep time _____ Cooking Time _____ Serves _____

Difficulty
① ② ③ ④ ⑤

Rating
☆ ☆ ☆ ☆ ☆

Ingredients

_____   _____   _____
_____   _____   _____
_____   _____   _____
_____   _____   _____
_____   _____   _____

Instructions

_____
_____
_____
_____
_____
_____
_____
_____
_____
_____

Notes

_____
_____
_____

Recipe _____

Prep time _____ Cooking Time _____ Serves _____

Difficulty ① ② ③ ④ ⑤

Rating ☆ ☆ ☆ ☆ ☆

Ingredients

_____ _____ _____
_____ _____ _____
_____ _____ _____
_____ _____ _____
_____ _____ _____

Instructions

_____
_____
_____
_____
_____
_____
_____
_____
_____

Notes

_____
_____
_____

A B C D E

F

G H I J K L M N O P Q R S T U V W X Y Z

Recipe _____

Prep time _____ Cooking Time _____ Serves _____

Difficulty
① ② ③ ④ ⑤

Rating
☆ ☆ ☆ ☆ ☆

Ingredients

_____   _____   _____
_____   _____   _____
_____   _____   _____
_____   _____   _____
_____   _____   _____

Instructions

_____
_____
_____
_____
_____
_____
_____
_____

Notes

_____
_____
_____

Recipe _____

Prep time _____ Cooking Time _____ Serves _____

Difficulty ① ② ③ ④ ⑤

Rating ☆ ☆ ☆ ☆ ☆

Ingredients

Instructions

Notes

A B C D E **F** G H I J K L M N O P Q R S T U V W Y Z

Recipe _____

Prep time _____ Cooking Time _____ Serves _____

Difficulty ① ② ③ ④ ⑤

Rating ☆ ☆ ☆ ☆ ☆

Ingredients

_____
_____
_____
_____
_____

Instructions

_____
_____
_____
_____
_____
_____
_____
_____
_____
_____

Notes

_____
_____

Recipe _____

Prep time _____   Cooking Time _____   Serves _____

Difficulty ① ② ③ ④ ⑤

Rating ☆ ☆ ☆ ☆ ☆

Ingredients

Instructions

Notes

A B C D E F G H I J K L M N O P Q R S T U V W X Y Z

A B C D E F **G** H I J K L M N O P Q R S T U V W Y Z

Recipe _____

Prep time _____ Cooking Time _____ Serves _____

Difficulty
① ② ③ ④ ⑤

Rating
☆ ☆ ☆ ☆ ☆

Ingredients

_____ _____ _____
_____ _____ _____
_____ _____ _____
_____ _____ _____
_____ _____ _____

Instructions

_____
_____
_____
_____
_____
_____
_____
_____
_____

Notes

_____
_____
_____

Recipe _____

Prep time _____ Cooking Time _____ Serves _____

Difficulty
① ② ③ ④ ⑤

Rating
☆ ☆ ☆ ☆ ☆

Ingredients

_____ _____ _____
_____ _____ _____
_____ _____ _____
_____ _____ _____
_____ _____ _____

Instructions

_____
_____
_____
_____
_____
_____
_____
_____
_____
_____

Notes

_____
_____
_____

A B C D E F G H I J K L M N O P Q R S T U V W X Y Z

A B C D E F **G** H I J K L M N O P Q R S T U V W Y Z

Recipe _____

Prep time _____ Cooking Time _____ Serves _____

Difficulty
① ② ③ ④ ⑤

Rating
☆ ☆ ☆ ☆ ☆

Ingredients

Instructions

Notes

Recipe _____

Prep time _____ Cooking Time _____ Serves _____

Difficulty ① ② ③ ④ ⑤

Rating ☆ ☆ ☆ ☆ ☆

Ingredients

_____ _____ _____
_____ _____ _____
_____ _____ _____
_____ _____ _____
_____ _____ _____

Instructions

_____
_____
_____
_____
_____
_____
_____
_____
_____
_____

Notes

_____
_____
_____

A B C D E F G H I J K L M N O P Q R S T U V W X Y Z

A B C D E F G **H** I J K L M N O P Q R S T U V W X Y Z

Recipe _____

Prep time _____   Cooking Time _____   Serves _____

Difficulty
① ② ③ ④ ⑤

Rating
☆ ☆ ☆ ☆ ☆

Ingredients

_____   _____   _____
_____   _____   _____
_____   _____   _____
_____   _____   _____
_____   _____   _____
_____   _____   _____

Instructions

_____
_____
_____
_____
_____
_____
_____
_____
_____
_____
_____

Notes

_____
_____
_____

Recipe _____

Prep time _____ Cooking Time _____ Serves _____

Difficulty ① ② ③ ④ ⑤

Rating ☆ ☆ ☆ ☆ ☆

Ingredients

_____ _____ _____
_____ _____ _____
_____ _____ _____
_____ _____ _____
_____ _____ _____

Instructions

_____
_____
_____
_____
_____
_____
_____
_____
_____
_____

Notes

_____
_____
_____

H

A B C D E F G **H** I J K L M N O P Q R S T U V W Y Z

Recipe _____

Prep time   Cooking Time   Serves

Difficulty
① ② ③ ④ ⑤

Rating
☆ ☆ ☆ ☆ ☆

Ingredients

_____
_____
_____
_____
_____
_____

Instructions

_____
_____
_____
_____
_____
_____
_____
_____
_____
_____
_____

Notes

_____
_____
_____

Recipe _____

Prep time _____ Cooking Time _____ Serves _____

Difficulty ① ② ③ ④ ⑤

Rating ☆ ☆ ☆ ☆ ☆

Ingredients

Instructions

Notes

A B C D E F G **H** I J K L M N O P Q R S T U V W X Y Z

A B C D E F G **H** I J K L M N O P Q R S T U V W X Y Z

Recipe _____

Prep time _____ Cooking Time _____ Serves _____

Difficulty ① ② ③ ④ ⑤

Rating ☆ ☆ ☆ ☆ ☆

Ingredients

_____ _____ _____
_____ _____ _____
_____ _____ _____
_____ _____ _____
_____ _____ _____

Instructions

_____
_____
_____
_____
_____
_____
_____
_____
_____
_____

Notes

_____
_____
_____

40

Recipe _____

Prep time _____ Cooking Time _____ Serves _____

Difficulty ① ② ③ ④ ⑤

Rating ☆ ☆ ☆ ☆ ☆

Ingredients

Instructions

Notes

A B C D E F G H **I** J K L M N O P Q R S T U V W X Y Z

Recipe _____

Prep time _____ **Cooking Time** _____ **Serves** _____

Difficulty
① ② ③ ④ ⑤

Rating
☆ ☆ ☆ ☆ ☆

Ingredients
_____
_____
_____
_____
_____
_____

Instructions
_____
_____
_____
_____
_____
_____
_____
_____
_____
_____

Notes
_____
_____
_____

Recipe _____

Prep time   Cooking Time   Serves

Difficulty
① ② ③ ④ ⑤

Rating
☆ ☆ ☆ ☆ ☆

Ingredients

_____
_____
_____
_____
_____
_____

Instructions

_____
_____
_____
_____
_____
_____
_____
_____
_____
_____

Notes

_____
_____
_____

A B C D E F G H **I** J K L M N O P Q R S T U V W X Y Z

A B C D E F G H I J K L M N O P Q R S T U V W X Y Z

Recipe _____

Prep time _____ Cooking Time _____ Serves _____

Difficulty
① ② ③ ④ ⑤

Rating
☆ ☆ ☆ ☆ ☆

Ingredients

_____ _____ _____
_____ _____ _____
_____ _____ _____
_____ _____ _____
_____ _____ _____

Instructions

_____
_____
_____
_____
_____
_____
_____
_____
_____
_____

Notes

_____
_____
_____

Recipe _____

Prep time _____ Cooking Time _____ Serves _____

Difficulty
① ② ③ ④ ⑤

Rating
☆ ☆ ☆ ☆ ☆

Ingredients

Instructions

Notes

A B C D E F G H **I** J K L M N O P Q R S T U V W X Y Z

45

A B C D E F G H I **J** K L M N O P Q R S T U V W X Y Z

Recipe _____

Prep time   Cooking Time   Serves

Difficulty
① ② ③ ④ ⑤

Rating
☆ ☆ ☆ ☆ ☆

Ingredients

_____   _____   _____
_____   _____   _____
_____   _____   _____
_____   _____   _____
_____   _____   _____

Instructions

_____
_____
_____
_____
_____
_____
_____
_____
_____

Notes

_____
_____
_____

Recipe _____

Prep time _____ Cooking Time _____ Serves _____

Difficulty: ① ② ③ ④ ⑤

Rating: ☆ ☆ ☆ ☆ ☆

Ingredients

Instructions

Notes

J

A B C D E F G H I **J** K L M N O P Q R S T U V W Y Z

Recipe _____

Prep time _____ Cooking Time _____ Serves _____

Difficulty
① ② ③ ④ ⑤

Rating
☆ ☆ ☆ ☆ ☆

Ingredients

_____ _____ _____
_____ _____ _____
_____ _____ _____
_____ _____ _____
_____ _____ _____
_____ _____ _____

Instructions

_____
_____
_____
_____
_____
_____
_____
_____
_____
_____

Notes

_____
_____
_____

Recipe _____

Prep time _____ Cooking Time _____ Serves _____

Difficulty
① ② ③ ④ ⑤

Rating
☆ ☆ ☆ ☆ ☆

Ingredients

_____ _____ _____
_____ _____ _____
_____ _____ _____
_____ _____ _____
_____ _____ _____

Instructions

_____
_____
_____
_____
_____
_____
_____
_____
_____
_____

Notes

_____
_____
_____

A B C D E F G H I **J** K L M N O P Q R S T U V W X Y Z

A B C D E F G H I **J** K L M N O P Q R S T U V W X Y Z

Recipe _____

Prep time _____ Cooking Time _____ Serves _____

Difficulty ① ② ③ ④ ⑤

Rating ☆ ☆ ☆ ☆ ☆

Ingredients

_____   _____   _____
_____   _____   _____
_____   _____   _____
_____   _____   _____
_____   _____   _____
_____   _____   _____

Instructions

_____
_____
_____
_____
_____
_____
_____
_____
_____

Notes

_____
_____
_____

Recipe _____

Prep time _____ Cooking Time _____ Serves _____

Difficulty ① ② ③ ④ ⑤

Rating ☆ ☆ ☆ ☆ ☆

Ingredients

Instructions

Notes

A B C D E F G H I J **K** L M N O P Q R S T U V W X Y Z

Recipe _____

Prep time _____ Cooking Time _____ Serves _____

Difficulty
① ② ③ ④ ⑤

Rating
☆ ☆ ☆ ☆ ☆

Ingredients

_____ _____ _____
_____ _____ _____
_____ _____ _____
_____ _____ _____

Instructions

_____
_____
_____
_____
_____
_____
_____
_____

Notes

_____
_____
_____

Recipe _____

Prep time _____ Cooking Time _____ Serves _____

Difficulty
① ② ③ ④ ⑤

Rating
☆ ☆ ☆ ☆ ☆

Ingredients

Instructions

Notes

K

Recipe _____

Prep time _____ **Cooking Time** _____ **Serves** _____

Difficulty ① ② ③ ④ ⑤

Rating ☆ ☆ ☆ ☆ ☆

Ingredients

_____
_____
_____
_____
_____

Instructions

_____
_____
_____
_____
_____
_____
_____
_____
_____
_____

Notes

_____
_____
_____

Recipe _____

Prep time _____ Cooking Time _____ Serves _____

Difficulty ① ② ③ ④ ⑤

Rating ☆ ☆ ☆ ☆ ☆

Ingredients

Instructions

Notes

K

A B C D E F G H I J K **L** M N O P Q R S T U V W X Y Z

Recipe _____

Prep time _____ Cooking Time _____ Serves _____

Difficulty
① ② ③ ④ ⑤

Rating
☆ ☆ ☆ ☆ ☆

Ingredients

_____   _____   _____
_____   _____   _____
_____   _____   _____
_____   _____   _____
_____   _____   _____

Instructions

_____
_____
_____
_____
_____
_____
_____
_____
_____
_____

Notes

_____
_____
_____

Recipe _____

Prep time _____ Cooking Time _____ Serves _____

Difficulty ① ② ③ ④ ⑤

Rating ☆ ☆ ☆ ☆ ☆

Ingredients

Instructions

Notes

Recipe _____

Prep time _____ Cooking Time _____ Serves _____

Difficulty ① ② ③ ④ ⑤

Rating ☆ ☆ ☆ ☆ ☆

Ingredients

_____ _____ _____
_____ _____ _____
_____ _____ _____
_____ _____ _____
_____ _____ _____

Instructions

_____
_____
_____
_____
_____
_____
_____
_____
_____
_____

Notes

_____
_____
_____

Recipe _____

Prep time ____ Cooking Time ____ Serves ____

Difficulty
① ② ③ ④ ⑤

Rating
☆ ☆ ☆ ☆ ☆

Ingredients

_____ _____ _____
_____ _____ _____
_____ _____ _____
_____ _____ _____
_____ _____ _____

Instructions

_____
_____
_____
_____
_____
_____
_____
_____

Notes

_____
_____
_____

Recipe _____

Prep time _____   Cooking Time _____   Serves _____

Difficulty
① ② ③ ④ ⑤

Rating
☆ ☆ ☆ ☆ ☆

Ingredients

_____   _____   _____
_____   _____   _____
_____   _____   _____
_____   _____   _____
_____   _____   _____

Instructions

_____
_____
_____
_____
_____
_____
_____
_____
_____

Notes

_____
_____
_____

Recipe _____

Prep time Cooking Time Serves

Difficulty
① ② ③ ④ ⑤

Rating
☆ ☆ ☆ ☆ ☆

Ingredients

Instructions

Notes

Recipe _____

Prep time _____ Cooking Time _____ Serves _____

Difficulty ① ② ③ ④ ⑤

Rating ☆☆☆☆☆

Ingredients

_____ _____ _____
_____ _____ _____
_____ _____ _____
_____ _____ _____
_____ _____ _____

Instructions

_____
_____
_____
_____
_____
_____
_____
_____

Notes

_____
_____
_____

Recipe _____

Prep time Cooking Time Serves

Difficulty
① ② ③ ④ ⑤

Rating
☆ ☆ ☆ ☆ ☆

Ingredients

_____ _____ _____
_____ _____ _____
_____ _____ _____
_____ _____ _____
_____ _____ _____

Instructions

_____
_____
_____
_____
_____
_____
_____
_____

Notes

_____
_____
_____

A B C D E F G H I J K L **M** N O P Q R S T U V W X Y Z

Recipe _____

Prep time   Cooking Time   Serves

Difficulty ① ② ③ ④ ⑤

Rating ☆☆☆☆☆

Ingredients

_____ _____ _____
_____ _____ _____
_____ _____ _____
_____ _____ _____
_____ _____ _____

Instructions

_____
_____
_____
_____
_____
_____
_____
_____

Notes

_____
_____
_____

64

Recipe _____

Prep time _____ Cooking Time _____ Serves _____

Difficulty ① ② ③ ④ ⑤

Rating ☆ ☆ ☆ ☆ ☆

Ingredients

Instructions

M

Notes

A B C D E F G H I J K L M **N** O P Q R S T U V W X Y Z

Recipe _____

Prep time ____ Cooking Time ____ Serves ____

Difficulty ① ② ③ ④ ⑤

Rating ☆ ☆ ☆ ☆ ☆

Ingredients

_____ _____ _____
_____ _____ _____
_____ _____ _____
_____ _____ _____
_____ _____ _____

Instructions

_____
_____
_____
_____
_____
_____
_____
_____
_____

Notes

_____
_____
_____

Recipe _____

Prep time   Cooking Time   Serves   Difficulty
① ② ③ ④ ⑤
Rating
☆ ☆ ☆ ☆ ☆

Ingredients

_____   _____   _____
_____   _____   _____
_____   _____   _____
_____   _____   _____
_____   _____   _____
_____   _____   _____

Instructions

_____
_____
_____
_____
_____
_____
_____
_____
_____
_____
_____

Notes

_____
_____
_____

Recipe _____

Prep time _____ Cooking Time _____ Serves _____

Difficulty
① ② ③ ④ ⑤

Rating
☆ ☆ ☆ ☆ ☆

Ingredients

_____ _____ _____
_____ _____ _____
_____ _____ _____
_____ _____ _____
_____ _____ _____

Instructions

_____
_____
_____
_____
_____
_____
_____
_____
_____
_____

Notes

_____
_____
_____

Recipe _____

Prep time _____ Cooking Time _____ Serves _____

Difficulty ① ② ③ ④ ⑤

Rating ☆ ☆ ☆ ☆ ☆

Ingredients

Instructions

Notes

Recipe _____

Prep time _____ Cooking Time _____ Serves _____

Difficulty
① ② ③ ④ ⑤

Rating
☆ ☆ ☆ ☆ ☆

Ingredients

_____   _____   _____
_____   _____   _____
_____   _____   _____
_____   _____   _____
_____   _____   _____

Instructions

_____
_____
_____
_____
_____
_____
_____
_____

Notes

_____
_____
_____

Recipe _____

Prep time   Cooking Time   Serves

Difficulty
① ② ③ ④ ⑤

Rating
☆ ☆ ☆ ☆ ☆

Ingredients

Instructions

Notes

Recipe _____

Prep time _____ Cooking Time _____ Serves _____

Difficulty
① ② ③ ④ ⑤

Rating
☆ ☆ ☆ ☆ ☆

Ingredients

_____ _____ _____
_____ _____ _____
_____ _____ _____
_____ _____ _____
_____ _____ _____

Instructions

_____
_____
_____
_____
_____
_____
_____
_____

Notes

_____
_____
_____

Recipe _____

Prep time _____ Cooking Time _____ Serves _____

Difficulty ① ② ③ ④ ⑤

Rating ☆ ☆ ☆ ☆ ☆

Ingredients

Instructions

Notes

A B C D E F G H I J K L M N O P Q R S T U V W X Y Z

Recipe _____

Prep time _____ **Cooking Time** _____ **Serves** _____

Difficulty ① ② ③ ④ ⑤

Rating ☆ ☆ ☆ ☆ ☆

Ingredients

_____   _____   _____
_____   _____   _____
_____   _____   _____
_____   _____   _____

Instructions

_____
_____
_____
_____
_____
_____
_____
_____

Notes

_____
_____
_____

Recipe _____

Prep time _____ Cooking Time _____ Serves _____

Difficulty ① ② ③ ④ ⑤

Rating ☆ ☆ ☆ ☆ ☆

Ingredients

_____ _____ _____
_____ _____ _____
_____ _____ _____
_____ _____ _____
_____ _____ _____
_____ _____ _____

Instructions

_____
_____
_____
_____
_____
_____
_____
_____
_____
_____

Notes

_____
_____
_____

A B C D E F G H I J K L M N O **P** Q R S T U V W X Y Z

Recipe _____

Prep time _____ Cooking Time _____ Serves _____

Difficulty
① ② ③ ④ ⑤

Rating
☆ ☆ ☆ ☆ ☆

Ingredients

_____ _____ _____
_____ _____ _____
_____ _____ _____
_____ _____ _____
_____ _____ _____

Instructions

_____
_____
_____
_____
_____
_____
_____
_____
_____
_____
_____
_____

Notes

_____
_____
_____

Recipe _____

Prep time   Cooking Time   Serves

Difficulty
① ② ③ ④ ⑤

Rating
☆ ☆ ☆ ☆ ☆

Ingredients

Instructions

P

Notes

A B C D E F G H I J K L M N O P Q R S T U V W X Y Z

Recipe _____

Prep time _____ Cooking Time _____ Serves _____

Difficulty
① ② ③ ④ ⑤

Rating
☆ ☆ ☆ ☆ ☆

Ingredients

_____ _____ _____
_____ _____ _____
_____ _____ _____
_____ _____ _____
_____ _____ _____

Instructions

_____
_____
_____
_____
_____
_____
_____
_____
_____
_____

Notes

_____
_____
_____

Recipe _____

Prep time _____ Cooking Time _____ Serves _____

Difficulty ① ② ③ ④ ⑤

Rating ☆ ☆ ☆ ☆ ☆

Ingredients

Instructions

Notes

P

A B C D E F G H I J K L M N O **P** Q R S T U V W X Y Z

Recipe _____

Prep time _____ Cooking Time _____ Serves _____

Difficulty ① ② ③ ④ ⑤

Rating ☆ ☆ ☆ ☆ ☆

Ingredients

_____ _____ _____
_____ _____ _____
_____ _____ _____
_____ _____ _____
_____ _____ _____

Instructions

_____
_____
_____
_____
_____
_____
_____
_____
_____
_____

Notes

_____
_____
_____

Recipe _____

Prep time _____ Cooking Time _____ Serves _____

Difficulty
① ② ③ ④ ⑤

Rating
☆ ☆ ☆ ☆ ☆

Ingredients

Instructions

Notes

A B C D E F G H I J K L M N O P Q R S T U V W X Y Z

Recipe _____

Prep time _____ Cooking Time _____ Serves _____

Difficulty ① ② ③ ④ ⑤

Rating ☆☆☆☆☆

Ingredients

_____ _____ _____
_____ _____ _____
_____ _____ _____
_____ _____ _____
_____ _____ _____

Instructions

_____
_____
_____
_____
_____
_____
_____
_____
_____

Notes

_____
_____
_____

Recipe _____

Prep time _____   Cooking Time _____   Serves _____

Difficulty ① ② ③ ④ ⑤

Rating ☆ ☆ ☆ ☆ ☆

Ingredients

Instructions

Notes

Recipe _____

Prep time _____ Cooking Time _____ Serves _____

Difficulty
① ② ③ ④ ⑤

Rating
☆ ☆ ☆ ☆ ☆

Ingredients

_____ _____ _____
_____ _____ _____
_____ _____ _____
_____ _____ _____
_____ _____ _____

Instructions

_____
_____
_____
_____
_____
_____
_____
_____

Notes

_____
_____
_____

Recipe _____

Prep time Cooking Time Serves

Difficulty
① ② ③ ④ ⑤

Rating
☆ ☆ ☆ ☆ ☆

Ingredients

_____   _____   _____
_____   _____   _____
_____   _____   _____
_____   _____   _____
_____   _____   _____

Instructions

_____
_____
_____
_____
_____
_____
_____
_____
_____
_____

Notes

_____
_____
_____

A B C D E F G H I J K L M N O P Q R S T U V W X Y Z

Recipe _____

Prep time Cooking Time Serves

Difficulty
① ② ③ ④ ⑤

Rating
☆ ☆ ☆ ☆ ☆

Ingredients

_____   _____   _____
_____   _____   _____
_____   _____   _____
_____   _____   _____
_____   _____   _____

Instructions

_____
_____
_____
_____
_____
_____
_____
_____
_____

Notes

_____
_____
_____

86

Recipe _____

Prep time _____ Cooking Time _____ Serves _____

Difficulty ① ② ③ ④ ⑤

Rating ☆ ☆ ☆ ☆ ☆

Ingredients

_____ _____ _____
_____ _____ _____
_____ _____ _____
_____ _____ _____
_____ _____ _____

Instructions

_____
_____
_____
_____
_____
_____
_____
_____
_____
_____

Notes

_____
_____
_____

A B C D E F G H I J K L M N O P Q **R** S T U V W X Y Z

Recipe _____

Prep time _____ Cooking Time _____ Serves _____

Difficulty
① ② ③ ④ ⑤

Rating
☆ ☆ ☆ ☆ ☆

Ingredients

_____ _____ _____
_____ _____ _____
_____ _____ _____
_____ _____ _____

Instructions

_____
_____
_____
_____
_____
_____
_____
_____
_____
_____

Notes

_____
_____
_____

Recipe _____

Prep time _____ Cooking Time _____ Serves _____

Difficulty ① ② ③ ④ ⑤

Rating ☆ ☆ ☆ ☆ ☆

Ingredients

_____   _____   _____
_____   _____   _____
_____   _____   _____
_____   _____   _____
_____   _____   _____

Instructions

_____
_____
_____
_____
_____
_____
_____
_____
_____
_____

Notes

_____
_____
_____

A B C D E F G H I J K L M N O P Q **R** S T U V W X Y Z

A B C D E F G H I J K L M N O P Q **R** S T U V W X Y Z

Recipe _____

Prep time _____ Cooking Time _____ Serves _____

Difficulty
① ② ③ ④ ⑤

Rating
☆ ☆ ☆ ☆ ☆

Ingredients

_____   _____   _____
_____   _____   _____
_____   _____   _____
_____   _____   _____
_____   _____   _____

Instructions

_____
_____
_____
_____
_____
_____
_____
_____
_____
_____
_____

Notes

_____
_____
_____

Recipe _____

Prep time _____ Cooking Time _____ Serves _____

Difficulty
① ② ③ ④ ⑤

Rating
☆ ☆ ☆ ☆ ☆

Ingredients

Instructions

Notes

A B C D E F G H I J K L M N O P Q R S T U V W X Y Z

A B C D E F G H I J K L M N O P Q R **S** T U V W Y Z

Recipe _____

Prep time _____ Cooking Time _____ Serves _____

Difficulty
① ② ③ ④ ⑤

Rating
☆ ☆ ☆ ☆ ☆

Ingredients

_____ _____ _____
_____ _____ _____
_____ _____ _____
_____ _____ _____
_____ _____ _____

Instructions

_____
_____
_____
_____
_____
_____
_____
_____
_____
_____

Notes

_____
_____
_____

Recipe _____

Prep time _____ Cooking Time _____ Serves _____

Difficulty ① ② ③ ④ ⑤

Rating ☆ ☆ ☆ ☆ ☆

Ingredients

Instructions

Notes

Recipe _____

Prep time _____ **Cooking Time** _____ **Serves** _____

Difficulty ① ② ③ ④ ⑤

Rating ☆ ☆ ☆ ☆ ☆

Ingredients

_____
_____
_____
_____
_____

Instructions

_____
_____
_____
_____
_____
_____
_____
_____

Notes

_____
_____
_____

Recipe _____

Prep time _____ Cooking Time _____ Serves _____

Difficulty
① ② ③ ④ ⑤

Rating
☆ ☆ ☆ ☆ ☆

Ingredients

Instructions

Notes

A B C D E F G H I J K L M N O P Q R S **T** U V W X Y Z

Recipe _____

Prep time _____ Cooking Time _____ Serves _____

Difficulty
① ② ③ ④ ⑤

Rating
☆ ☆ ☆ ☆ ☆

Ingredients

_____ _____ _____
_____ _____ _____
_____ _____ _____
_____ _____ _____
_____ _____ _____

Instructions

_____
_____
_____
_____
_____
_____
_____
_____
_____
_____

Notes

_____
_____
_____

Recipe _____

Prep time _____ Cooking Time _____ Serves _____

Difficulty ① ② ③ ④ ⑤

Rating ☆ ☆ ☆ ☆ ☆

Ingredients

Instructions

Notes

A B C D E F G H I J K L M N O P Q R S **T** U V W X Y Z

A B C D E F G H I J K L M N O P Q R S T U V W Y Z

Recipe _____

Prep time _____ Cooking Time _____ Serves _____

Difficulty ① ② ③ ④ ⑤

Rating ☆ ☆ ☆ ☆ ☆

Ingredients

_____ _____ _____
_____ _____ _____
_____ _____ _____
_____ _____ _____
_____ _____ _____

Instructions

_____
_____
_____
_____
_____
_____
_____
_____
_____
_____

Notes

_____
_____
_____

Recipe

Prep time **Cooking Time** **Serves**

Difficulty
① ② ③ ④ ⑤

Rating
☆ ☆ ☆ ☆ ☆

Ingredients

Instructions

Notes

A B C D E F G H I J K L M N O P Q R S T U V W X Y Z

Recipe _____

Prep time _____ Cooking Time _____ Serves _____

Difficulty ① ② ③ ④ ⑤

Rating ☆ ☆ ☆ ☆ ☆

Ingredients

_____ _____ _____
_____ _____ _____
_____ _____ _____
_____ _____ _____
_____ _____ _____

Instructions

_____
_____
_____
_____
_____
_____
_____
_____
_____

Notes

_____
_____
_____

Recipe _____

Prep time _____ Cooking Time _____ Serves _____

Difficulty ① ② ③ ④ ⑤

Rating ☆ ☆ ☆ ☆ ☆

Ingredients

_____ _____ _____
_____ _____ _____
_____ _____ _____
_____ _____ _____
_____ _____ _____

Instructions

_____
_____
_____
_____
_____
_____
_____
_____
_____
_____

Notes

_____
_____
_____

A B C D E F G H I J K L M N O P Q R S T **U** V W X Y Z

A B C D E F G H I J K L M N O P Q R S T **U** V W X Y Z

Recipe _____

Prep time _____ Cooking Time _____ Serves _____

Difficulty
① ② ③ ④ ⑤

Rating
☆ ☆ ☆ ☆ ☆

Ingredients

_____
_____
_____
_____
_____

Instructions

_____
_____
_____
_____
_____
_____
_____
_____
_____
_____

Notes

_____
_____
_____

Recipe _____

Prep time ___ Cooking Time ___ Serves ___

Difficulty ① ② ③ ④ ⑤

Rating ☆ ☆ ☆ ☆ ☆

Ingredients

Instructions

Notes

A B C D E F G H I J K L M N O P Q R S T **U** V W X Y Z

A B C D E F G H I J K L M N O P Q R S T **U** V W X Y Z

Recipe _____

Prep time   Cooking Time   Serves

_____   _____   _____

Difficulty
① ② ③ ④ ⑤

Rating
☆ ☆ ☆ ☆ ☆

Ingredients

_____   _____   _____
_____   _____   _____
_____   _____   _____
_____   _____   _____
_____   _____   _____

Instructions

_____
_____
_____
_____
_____
_____
_____
_____
_____
_____

Notes

_____
_____
_____

Recipe _____

Prep time _____ Cooking Time _____ Serves _____

Difficulty
① ② ③ ④ ⑤

Rating
☆ ☆ ☆ ☆ ☆

Ingredients

_____ _____ _____
_____ _____ _____
_____ _____ _____
_____ _____ _____
_____ _____ _____

Instructions

_____
_____
_____
_____
_____
_____
_____
_____
_____

Notes

_____
_____
_____

A B C D E F G H I J K L M N O P Q R S T U **V** W Y Y Z

Recipe _____

Prep time _____ Cooking Time _____ Serves _____

Difficulty ① ② ③ ④ ⑤

Rating ☆ ☆ ☆ ☆ ☆

Ingredients

_____ _____ _____
_____ _____ _____
_____ _____ _____
_____ _____ _____

Instructions

_____
_____
_____
_____
_____
_____
_____

Notes

_____
_____
_____

Recipe _____

Prep time   Cooking Time   Serves

Difficulty
① ② ③ ④ ⑤

Rating
☆ ☆ ☆ ☆ ☆

Ingredients

Instructions

Notes

V

Recipe _____

Prep time _____ Cooking Time _____ Serves _____

Difficulty
① ② ③ ④ ⑤

Rating
☆ ☆ ☆ ☆ ☆

Ingredients

_____ _____ _____
_____ _____ _____
_____ _____ _____
_____ _____ _____
_____ _____ _____

Instructions

_____
_____
_____
_____
_____
_____
_____
_____
_____

Notes

_____
_____
_____

Recipe _____

Prep time _____   Cooking Time _____   Serves _____

Difficulty ① ② ③ ④ ⑤

Rating ☆ ☆ ☆ ☆ ☆

Ingredients

_____   _____   _____
_____   _____   _____
_____   _____   _____
_____   _____   _____
_____   _____   _____

Instructions

_____
_____
_____
_____
_____
_____
_____
_____
_____
_____

Notes

_____
_____
_____

A B C D E F G H I J K L M N O P Q R S T U **V** W X Y Z

Recipe _____

Prep time _____ Cooking Time _____ Serves _____

Difficulty
① ② ③ ④ ⑤

Rating
☆ ☆ ☆ ☆ ☆

Ingredients

_____ _____ _____
_____ _____ _____
_____ _____ _____
_____ _____ _____
_____ _____ _____

Instructions

_____
_____
_____
_____
_____
_____
_____
_____
_____

Notes

_____
_____
_____

Recipe _____

Prep time   Cooking Time   Serves

Difficulty
① ② ③ ④ ⑤

Rating
☆ ☆ ☆ ☆ ☆

Ingredients

_____   _____   _____
_____   _____   _____
_____   _____   _____
_____   _____   _____
_____   _____   _____

Instructions

_____
_____
_____
_____
_____
_____
_____
_____
_____
_____

Notes
_____
_____
_____

A B C D E F G H I J K L M N O P Q R S T U V **W** X Y Z

111

Recipe _____

Prep time _____ Cooking Time _____ Serves _____

Difficulty
① ② ③ ④ ⑤

Rating
☆ ☆ ☆ ☆ ☆

Ingredients

_____ _____ _____
_____ _____ _____
_____ _____ _____
_____ _____ _____
_____ _____ _____

Instructions

_____
_____
_____
_____
_____
_____
_____
_____
_____
_____
_____

Notes

_____
_____
_____

Recipe _____

Prep time _____ Cooking Time _____ Serves _____

Difficulty
① ② ③ ④ ⑤

Rating
☆ ☆ ☆ ☆ ☆

Ingredients

_____ _____ _____
_____ _____ _____
_____ _____ _____
_____ _____ _____
_____ _____ _____

Instructions

_____
_____
_____
_____
_____
_____
_____
_____
_____
_____
_____

Notes

_____
_____

W

A B C D E F G H I J K L M N O P Q R S T U V W X Y Z

Recipe _____

Prep time _____   Cooking Time _____   Serves _____

Difficulty ① ② ③ ④ ⑤

Rating ☆ ☆ ☆ ☆ ☆

Ingredients

_____ _____ _____
_____ _____ _____
_____ _____ _____
_____ _____ _____
_____ _____ _____

Instructions

_____
_____
_____
_____
_____
_____
_____
_____
_____
_____

Notes
_____
_____
_____

Recipe _____

Prep time   Cooking Time   Serves

Difficulty
① ② ③ ④ ⑤

Rating
☆ ☆ ☆ ☆ ☆

Ingredients

_____   _____   _____
_____   _____   _____
_____   _____   _____
_____   _____   _____
_____   _____   _____

Instructions

_____
_____
_____
_____
_____
_____
_____
_____
_____

Notes
_____
_____
_____

A B C D E F G H I J K L M N O P Q R S T U V W X Y Z

Recipe _____

Prep time _____ Cooking Time _____ Serves _____

Difficulty
① ② ③ ④ ⑤

Rating
☆ ☆ ☆ ☆ ☆

Ingredients

_____ _____ _____
_____ _____ _____
_____ _____ _____
_____ _____ _____
_____ _____ _____

Instructions

_____
_____
_____
_____
_____
_____
_____
_____
_____
_____

Notes

_____
_____

Recipe _____

Prep time _____ Cooking Time _____ Serves _____

Difficulty
① ② ③ ④ ⑤

Rating
☆ ☆ ☆ ☆ ☆

Ingredients

Instructions

Notes

Recipe _____

Prep time Cooking Time Serves

Difficulty
① ② ③ ④ ⑤

Rating
☆ ☆ ☆ ☆ ☆

Ingredients

_____ _____ _____
_____ _____ _____
_____ _____ _____
_____ _____ _____
_____ _____ _____

Instructions

_____
_____
_____
_____
_____
_____
_____
_____
_____
_____

Notes

_____
_____
_____

Recipe _____

Prep time _____ Cooking Time _____ Serves _____

Difficulty
① ② ③ ④ ⑤

Rating
☆ ☆ ☆ ☆ ☆

Ingredients

_____
_____
_____
_____
_____
_____

Instructions

_____
_____
_____
_____
_____
_____
_____
_____
_____
_____

Notes

_____
_____
_____

A B C D E F G H I J K L M N O P Q R S T U V W X Y Z

Recipe

Prep time | Cooking Time | Serves

Difficulty

1 2 3 4 5

Rating

Ingredients

Instructions

Notes

Recipe

Prep time   **Cooking Time**   **Serves**

Difficulty ① ② ③ ④ ⑤

Rating ☆ ☆ ☆ ☆ ☆

Ingredients

Instructions

Notes

A
B
C
D
E
F
G
H
I
J
K
L
M
N
O
P
Q
R
S
T
U
V
W
X
Y
Z

Recipe

Difficulty

1 2 3 4 5

Prep time | Cooking Time | Serves

Rating

☆ ☆ ☆ ☆ ☆

Ingredients

Instructions

Notes

Recipe _____

Prep time Cooking Time Serves

Difficulty
① ② ③ ④ ⑤

Rating
☆ ☆ ☆ ☆ ☆

Ingredients

_____ _____ _____
_____ _____ _____
_____ _____ _____
_____ _____ _____
_____ _____ _____

Instructions

_____
_____
_____
_____
_____
_____
_____
_____
_____
_____
_____

Notes

_____
_____
_____

y

Recipe _____

Prep time _____ Cooking Time _____ Serves _____

Difficulty
① ② ③ ④ ⑤

Rating
☆ ☆ ☆ ☆ ☆

Ingredients

_____ _____ _____
_____ _____ _____
_____ _____ _____
_____ _____ _____
_____ _____ _____
_____ _____ _____

Instructions

_____
_____
_____
_____
_____
_____
_____
_____
_____
_____

Notes

_____
_____
_____

Y

Recipe

Prep time   Cooking Time   Serves

Difficulty
① ② ③ ④ ⑤

Rating
☆ ☆ ☆ ☆ ☆

Ingredients

Instructions

Notes

A B C D E F G H I J K L M N O P Q R S T U V W X Y Z

Recipe _____

Prep time _____ Cooking Time _____ Serves _____

Difficulty
① ② ③ ④ ⑤

Rating
☆ ☆ ☆ ☆ ☆

Ingredients

_____ _____ _____
_____ _____ _____
_____ _____ _____
_____ _____ _____
_____ _____ _____

Instructions

_____
_____
_____
_____
_____
_____
_____
_____
_____
_____
_____

Notes

_____
_____
_____

Recipe _____

Prep time _____ Cooking Time _____ Serves _____

Difficulty ① ② ③ ④ ⑤

Rating ☆ ☆ ☆ ☆ ☆

Ingredients

_____ _____ _____
_____ _____ _____
_____ _____ _____
_____ _____ _____
_____ _____ _____

Instructions

_____
_____
_____
_____
_____
_____
_____
_____
_____
_____

Notes

_____
_____
_____

A B C D E F G H I J K L M N O P Q R S T U V W X Y Z

A B C D E F G H I J K L M N O P Q R S T U V W X Y Z

Recipe _____

Prep time _____   Cooking Time _____   Serves _____

Difficulty
① ② ③ ④ ⑤

Rating
☆ ☆ ☆ ☆ ☆

Ingredients

_____ _____ _____
_____ _____ _____
_____ _____ _____
_____ _____ _____

Instructions

_____
_____
_____
_____
_____
_____
_____
_____

Notes

_____
_____
_____

Recipe _____

Prep time _____ Cooking Time _____ Serves _____

Difficulty ① ② ③ ④ ⑤

Rating ☆ ☆ ☆ ☆ ☆

Ingredients

Instructions

Notes

A B C D E F G H I J K L M N O P Q R S T U V W X Y Z

A B C D E F G H I J K L M N O P Q R S T U V W X Y Z

Recipe _____

Prep time _____ Cooking Time _____ Serves _____

Difficulty
① ② ③ ④ ⑤

Rating
☆ ☆ ☆ ☆ ☆

Ingredients

_____ _____ _____
_____ _____ _____
_____ _____ _____
_____ _____ _____
_____ _____ _____

Instructions

_____
_____
_____
_____
_____
_____
_____
_____
_____
_____

Notes

_____
_____
_____

Printed in Great Britain
by Amazon